마음을 보여주는 글쓰기

성경

은혜와 기쁨이 가득한 5분의 여유

365일 독자와 함께 지식을 공유하고 희망을 열어가겠습니다.
지혜와 풍요로운 삶의 지수를 높이는 아인북스가 되겠습니다.

성경-은혜와 기쁨이 가득한 5분의 여유

초판 1쇄 인쇄 2015년 10월 19일
초판 1쇄 발행 2015년 10월 23일

엮 은 이 김지숙
펴 낸 곳 아인북스
펴 낸 이 정유진
등록번호 제 2014-000010호
주 소 서울시 금천구 가산디지털로 98
(가산동 롯데 IT캐슬)2동 B208호
전 화 02-868-3018
팩 스 02-868-3019
메 일 bookakdma@naver.com

ISBN 978-89-91042-60-5 13320
값 9,000원

마음을 보여주는 글쓰기

성경

은혜와 기쁨이 가득한 5분의 여유

일러두기

성경의 내용 중
은혜로운 삶의 방향을 알려주는
90개의 구절을 뽑았습니다.

머릿말

새 계명을 너희에게 주노니
서로 사랑하라
내가 너희를 사랑한 것 같이
너희도 서로 사랑하라
너희가 서로 사랑하면
이로써 모든 사람이
너희가 내 제자인줄 알리라

요한복음 13장 34~35절

성경을 하루에 5분씩 여유를 가지며
내용을 읽고 마음에 새기며 따라 쓰면
은혜와 기쁨이 가득하여 깊은 깨달음과
신앙의 길을 열어갈 수 있을 것입니다.

5분의

여유로 찾는
은혜와 기쁨

01

사랑은 오래 참고

사랑은 온유하며 시기하지 아니하며

사랑은 자랑하지 아니하며 교만하지 아니하며

무례히 행하지 아니하며

자기의 유익을 구하지 아니하며

성내지 아니하며 악한 것을 생각하지 아니하며

불의를 기뻐하지 아니하며 진리와 함께 기뻐하고

모든 것을 참으며 모든 것을 믿으며

모든 것을 바라며 모든 것을 견디느니라

고린도전서 13장 4~7절

02

수고하고 무거운 짐 진 자들아 다 내게로 오라
내가 너희를 쉬게 하리라
나는 마음이 온유하고 겸손하니
나의 멍에를 메고 내게 배우라
그리하면 너희 마음이 쉼을 얻으리니
이는 내 멍에는 쉽고
내 짐은 가벼움이라 하시니라

마태복음 11장 28~30절

03

내가 진실로 진실로 너희에게 이르노니

나를 믿는 자는 내가 하는 일을 그도 할 것이요

또한 그보다 큰 일도 하리니

이는 내가 아버지께로 감이라

너희가 내 이름으로 무엇을 구하든지 내가 행하리니

이는 아버지로 하여금 아들로 말미암아

영광을 받으시게 하려 함이라

내 이름으로 무엇이든지 내게 구하면 내가 행하리라

요한복음 14장 12~14절

04

형제들아 서로 원망하지 말라
그리하여야 심판을 면하리라
심판주가 문밖에 서 계시니라
형제들아 주의 이름으로 말한 선지자들을
고난과 오래 참음의 본으로 삼으라

야고보서 5장 9~10절

05

구하라 그리하면 너희에게 주실 것이요
찾으라 그리하면 찾아낼 것이요
문을 두드리라 그리하면 너희에게 열릴 것이니
구하는 이마다 받을 것이요
찾는 이는 찾아낼 것이요
두드리는 이에게는 열릴 것이라
그러므로 무엇이든지
남에게 대접을 받고자 하는 대로
너희도 남을 대접하라
이것이 율법이요 선지자니라

마태복음 7장 7~8절, 12절

06

보라 네가 알지 못하는 나라를 네가 부를 것이며

너를 알지 못하는 나라가 네게로 달려올 것은

여호와 네 하나님 곧

이스라엘의 거룩하신 이로 말미암음이니라

이는 그가 너를 영화롭게 하였느니라

너희는 여호와를 만날 만한 때에 찾으라

가까이 계실 때에 그를 부르라

이사야 55장 5~6절

07

너희를 박해하는 자를 축복하라
축복하고 저주하지 말라
즐거워하는 자들과 함께 즐거워하고
우는 자들과 함께 울라
서로 마음을 같이하며
높은 데 마음을 두지 말고
도리어 낮은 데 처하며
스스로 지혜 있는 체 하지 말라

로마서 12장 14~16절

08

나는 너희에게 이르노니

너희 원수를 사랑하며

너희를 박해하는 자를 위하여 기도하라

마태복음 5장 44절

09

너는 구제할 때에
오른손이 하는 것을 왼손이 모르게 하여
네 구제함을 은밀하게 하라
은밀한 중에 보시는 너의 아버지께서 갚으시리라

마태복음 6장 3~4절

10

태초에 말씀이 계시니라
이 말씀이 하나님과 함께 계셨으니
이 말씀은 곧 하나님이시니라

요한복음 1장 1절

11

이스라엘아 들으라 우리 하나님
여호와는 오직 유일한 여호와이시니
너는 마음을 다하고 뜻을 다하고
힘을 다하여 네 하나님 여호와를 사랑하라

신명기 6장 4~5절

12

오직 주는 여호와시라
하늘과 하늘들의 하늘과
일월성신과 땅과 땅 위의 만물과 바다와
그 가운데 모든 것을 지으시고
다 보존 하시오니 모든 천군이
주께 경배하나이다

느헤미야 9장 6절

13

나의 힘이신 여호와여 내가 주를 사랑하나이다

여호와는 나의 반석이시요 나의 요새시요

나를 건지시는 이시요 나의 하나님이시요

내가 그 안에 피할 나의 바위시요

나의 방패시요 나의 구원의 뿔이시요

나의 산성이시로다

시편 18편 1~2절

14

여호와는 나의 빛이요

나의 구원이시니

내가 누구를 두려워하리요

여호와는 내 생명의 능력이시니

내가 누구를 무서워하리요

시편 27편 1절

15

사람이 마음으로 자기의 길을

계획할지라도 그의 걸음을

인도하시는 이는 여호와시니라

잠언 16장 9절

16

나는 아브라함의 하나님이요
이삭의 하나님이요 야곱의 하나님이로라
하신 것을 읽어 보지 못하였느냐
하나님은 죽은 자의 하나님이 아니요
살아있는 자의 하나님이시니라 하시니

마태복음 22장 32절

17

깊도다 하나님의 지혜와 지식의 풍성함이여
그의 판단은 헤아리지 못할 것이며
그의 길은 찾지 못할 것이로다

로마서 11장 33절

18

우리가 그에게서 듣고
너희에게 전하는 소식은 이것이니
곧 하나님은 빛이시라
그에게는 어둠이 조금도 없으시다는 것이니라

요한일서 1장 5절

19

자녀들아 너희는 하나님께 속하였고

또 그들을 이기었나니

이는 너희 안에 계신 이가

세상에 있는 자보다 크심이라

요한일서 4장 4절

20

하나님이 우리를 사랑하시는 사랑을
우리가 알고 믿었노니 하나님은 사랑이시라
사랑 안에 거하는 자는 하나님 안에 거하고
하나님도 그의 안에 거하시느니라

요한일서 4장 16절

21

여호와여

나의 종말과 연한이 언제까지인지 알게 하사

내가 나의 연약함을 알게 하소서

주께서 나의 날을 한 뼘 길이만큼 되게 하시매

나의 일생이 주 앞에는 없는 것 같사오니

사람은 그가 든든히 서있는 때에도

진실로 모두가 허사뿐이니이다(셀라)

시편 39편 4~5절

22

마땅히 행할 길을 아이에게 가르치라
그리하면 늙어도 그것을 떠나지 아니하리라

잠언 22장 6절

23

너는 내일 일을 자랑하지 말라
하루 동안에 무슨 일이 일어날는지
네가 알 수 없음이니라

잠언 27장 1절

24

그가 모태에서 벌거벗고 나온즉
그가 나온 대로 돌아가고
수고하여 얻은 것을 아무것도
자기 손에 가지고 가지 못하리니
이것도 큰 불행이라
어떻게 왔든지 그대로 가리니
바람을 잡는 수고가 그에게 무엇이 유익하랴

전도서 5장 15~16절

25

남편은 그 아내에 대한 의무를 다하고
아내도 그 남편에게 그렇게 할지라
아내는 자기 몸을 주장하지 못하고
오직 그 남편이 하며
남편도 그와 같이 자기 몸을 주장하지 못하고
오직 그 아내가 하나니

고린도전서 7장 3~4절

26

내일 일을 너희가 알지 못하는도다

너희 생명이 무엇이냐

너희는 잠깐 보이다가 없어지는 안개니라

야고보서 4장 14절

27

모든 사람이 죄를 범하였으매
하나님의 영광에 이르지 못하더니
그리스도 예수 안에 있는 속량으로 말미암아
하나님의 은혜로 값 없이
의롭다 하심을 얻는 자 되었느니라

로마서 3장 23~24절

28

하나님의 의를 모르고 자기 의를 세우려고
힘써 하나님의 의에 복종하지 아니하였느니라
그리스도는 모든 믿는 자에게 의를 이루기 위하여
율법의 마침이 되시니라

로마서 10장 3~4절

29

너희는 하나님으로부터 나서
그리스도 예수 안에 있고
예수는 하나님으로부터 나와서
우리에게 지혜와 의로움과
거룩함과 구원함이 되셨으니

고린도전서 1장 30절

30

사람이 먹고 마시며 수고하는 것보다
그의 마음을 더 기쁘게 하는 것은 없나니
내가 이것도 본즉
하나님의 손에서 나오는 것이로다

전도서 2장 24절

31

다 흙으로 말미암았으므로
다 흙으로 돌아가나니
다 한 곳으로 가거니와
인생들의 혼은 위로 올라가고
짐승의 혼은
아래 곧 땅으로 내려가는 줄을
누가 알랴

전도서 3장 20~21절

32

영혼 없는 몸이 죽은 것 같이
행함이 없는 믿음은 죽은 것이니라

야고보서 2장 26절

33

너는 마음을 다하여 여호와를 신뢰하고

네 명철을 의지하지 말라

너는 범사에 그를 인정하라

그리하면 네 길을 지도하시리라

전도서 5장 2절

34

너는 하나님 앞에서 함부로 입을 열지 말며
급한 마음으로 말을 내지 말라
하나님은 하늘에 계시고
너는 땅에 있음이니라
그런즉 마땅히 말을 적게 할 것이라

잠언 3장 5~6절

35

너희가 서로 거짓말을 하지 말라
옛 사람과 그 행위를 벗어버리고
새 사람을 입었으니
이는 자기를 창조하신 이의 형상을 따라
지식에까지 새롭게 하심을 입은 자니라

골로새서 3장 9~10절

36

주께서 그 사랑하시는 자를 징계하시고

그가 받아들이시는 아들마다

채찍질하심이라 하였으니

히브리서 12장 6절

37

여호와여 나는 가난하고 궁핍하오니

주의 귀를 기울여 내게 응답하소서

나는 경건하오니 내 영혼을 보존하소서

내 주 하나님이여 주를 의지하는 종을 구원하소서

주여 내게 은혜를 베푸소서

내가 종일 주께 부르짖나이다

주여 내 영혼이 주를 우러러보오니

주여 내 영혼을 기쁘게 하소서

주는 선하사 사죄하기를 즐거워하시며

주께 부르짖는 자에게 인자함이 후하심이니이다

여호와여 나의 기도에 귀를 기울이시고

내가 간구하는 소리를 들으소서

시편 86편 1~6절

38

내가 두 가지 일을 주께 구하였사오니
내가 죽기 전에 내게 거절하지 마시옵소서
곧 헛된 것과 거짓말을 내게서 멀리 하옵시며
나를 가난하게도 마옵시고 부하게도 마옵시고
오직 필요한 양식으로 나를 먹이시옵소서

잠언 30장 7~8절

39

너희가 내게 부르짖으며

내게 와서 기도하면

내가 너희들의 기도를 들을 것이요

너희가 온 마음으로 나를 구하면

나를 찾을 것이요 나를 만나리라

예레미야 29장 12~13절

40

진실로 너희에게 이르노니
무엇이든지 너희가 땅에서 매면
하늘에서도 매일 것이요
무엇이든지 땅에서 풀면 하늘에서도 풀리리라
진실로 다시 너희에게 이르노니
너희 중의 두 사람이 땅에서 합심하여
무엇이든지 구하면
하늘에 계신 내 아버지께서
그들을 위하여 이루게 하시리라
두세 사람이 내 이름으로 모인 곳에는
나도 그들 중에 있느니라

마태복음 18장 18~20절

41

내가 또 너희에게 이르노니
구하라 그러면 너희에게 주실 것이요
찾으라 그러면 찾아낼 것이요
문을 두드리라 그러면 너희에게 열릴 것이니
구하는 이마다 받을 것이요
찾는 이는 찾아낼 것이요
두드리는 이에게는 열릴 것이니라

누가복음 11장 9~10절

42

너희가 나를 택한 것이 아니요
내가 너희를 택하여 세웠나니
이는 너희로 가서 열매를 맺게 하고
또 너희 열매가 항상 있게 하여
내 이름으로 아버지께 무엇을
구하든지 다 받게 하려 함이라

요한복음 15장 16절

43

항상 기뻐하라

쉬지 말고 기도하라

범사에 감사하라

이것이 그리스도 예수 안에서

너희를 향하신 하나님의 뜻이니라

데살로니가전서 5장 16~18절

44

너희 중에 누구든지 지혜가 부족하거든
모든 사람에게 후히 주시고 꾸짖지 아니하시는
하나님께 구하라 그리하면 주시리라
오직 믿음으로 구하고 조금도 의심하지 말라
의심하는 자는
마치 바람에 밀려 요동하는
바다 물결 같으니

야고보서 1장 5~6절

45

두려워하지 말라 내가 너와 함께 함이라

놀라지 말라 나는 네 하나님이 됨이라

내가 너를 굳세게 하리라

참으로 너를 도와주리라

참으로 나의 의로운 오른손으로 너를 붙들리라

이사야 41장 10절

46

너희 중에 누구든지 으뜸이 되고자 하는 자는
너희의 종이 되어야 하리라
인자가 온 것은 섬김을 받으려 함이 아니라
도리어 섬기려 하고
자기 목숨을
많은 사람의 대속물로 주려 함이니라

마태복음 20장 27~28절

47

우리가 한 몸에 많은 지체를 가졌으나

모든 지체가 같은 기능을 가진 것이 아니니

이와 같이 우리 많은 사람이 그리스도 안에서

한 몸이 되어 서로 지체가 되었느니라

로마서 12장 4~5절

48

그러므로 내 사랑하는 형제들아
견실하며 흔들리지 말고
항상 주의 일에 더욱 힘쓰는 자들이 되라
이는 너희 수고가
주 안에서 헛되지 않은 줄 앎이라

고린도전서 15장 58절

49

형제들아 너희가 자유를 위하여

부르심을 입었으나

그러나 그 자유로 육체의 기회를 삼지 말고

오직 사랑으로 서로 종 노릇 하라

갈라디아서 5장 13절

50

또 형제들아 너희를 권면하노니

게으른 자들을 권계하며

마음이 약한 자들을 격려하고

힘이 없는 자들을 붙들어주며

모든 사람에게 오래 참으라

삼가 누가 누구에게든지

악으로 악을 갚지 말게 하고

서로 대하든지 모든 사람을 대하든지

항상 선을 따르라

데살로니가전서 5장 14~15절

51

하나님을 가까이하라

그리하면 너희를 가까이하시리라

죄인들아 손을 깨끗이 하라

두 마음을 품은 자들아

마음을 성결하게 하라

야고보서 4장 8절

52

우리 중에 누구든지
자기를 위하여 사는 자가 없고
자기를 위하여 죽는 자도 없도다
우리가 살아도 주를 위하여 살고
죽어도 주를 위하여 죽나니
그러므로 사나 죽으나
우리가 주의 것이로다

로마서 14장 7~8절

53

너희가 전에는 어둠이더니

이제는 주 안에서 빛이라

빛의 자녀들처럼 행하라

빛의 열매는 모든 착함과

의로움과 진실함에 있느니라

주를 기쁘시게 할 것이 무엇인가

시험하여 보라

에베소서 5장 8~10절

54

우리가 잠시 받는 환난의 경한 것이
지극히 크고 영원한 영광의 중한 것을
우리에게 이루게 함이니
우리가 주목하는 것은
보이는 것이 아니요 보이지 않는 것이니
보이는 것은 잠깐이요
보이지 않는 것은 영원함이라

고린도후서 4장 17~18절

55

사랑하는 자들아
우리가 지금은 하나님의 자녀라
장래에 어떻게 될지는 아직 나타나지 아니하였으나
그가 나타나시면
우리가 그와 같을 줄을 아는 것은
그의 참모습 그대로 볼 것이기 때문이니
주를 향하여 이 소망을 가진 자마다
그의 깨끗하심과 같이 자기를 깨끗하게 하느니라

요한일서 3장 2~3절

56

하나님이 이르시되
그가 나를 사랑한즉
내가 그를 건지리라
그가 내 이름을 안즉
내가 그를 높이리라
그가 내게 간구하리니
내가 그에게 응답하리라
그들이 환난 당할 때에
내가 그와 함께 하여
그를 건지고 영화롭게 하리라

시편 91편 14~15절

57

새 계명을 너희에게 주노니

서로 사랑하라

내가 너희를 사랑한 것 같이

너희도 서로 사랑하라

너희가 서로 사랑하면

이로써 모든 사람이

너희가 내 제자인줄 알리라

요한복음 13장 34~35절

58

내 계명은 곧 내가 너희를 사랑한 것 같이
너희도 서로 사랑하라 하는 이것이니라
사람이 친구를 위하여 자기 목숨을 버리면
이보다 더 큰 사랑이 없나니

요한복음 15장 12~13절

59

우리가 지금은 거울로 보는 것 같이 희미하나
그 때에는 얼굴과 얼굴로 대하여 볼 것이요
지금은 내가 부분적으로 아나
그 때에는 주께서 나를 아신 것 같이
내가 온전히 알리라
그런즉 믿음, 소망, 사랑,
이 세 가지는 항상 있을 것인데
그 중의 제일은 사랑이라

고린도전서 13장 12~13절

60

자녀들아 우리가 말과 혀로만
사랑하지 말고 행함과 진실함으로 하자

요한일서 3장 18절

61

너희는 하나님이

우리 속에 거하게 하신 성령이 시기하기까지

사모한다 하신 말씀을 헛된 줄로 생각하느냐

그러나 더욱 큰 은혜를 주시나니

그러므로 일렀으되

하나님이 교만한 자를 물리치시고

겸손한 자에게 은혜를 주신다 하였느니라

야고보서4장5~6절

62

어떤 길은 사람이 보기에 바르나
필경은 사망의 길이니라
웃을 때에도 마음에 슬픔이 있고
즐거움의 끝에도 근심이 있느니라

잠언 14장 12~13절

63

수고하고 무거운 짐 진 자들아

다 내게로 오라

내가 너희를 쉬게 하리라

나는 마음이 온유하고 겸손하니

나의 멍에를 메고 내게 배우라

그리하면 너희 마음이 쉼을 얻으리니

이는 내 멍에는 쉽고

내 짐은 가벼움이라 하시니라

마태복음 11장 28~30절

64

하나님이 세상을 이처럼 사랑하사
독생자를 주셨으니
이는 그를 믿는 자마다 멸망하지 않고
영생을 얻게 하려 하심이라

요한복음 3장 16절

65

예수께서 이르시되
나는 부활이요 생명이니
나를 믿는 자는 죽어도 살겠고
무릇 살아서 나를 믿는 자는
영원히 죽지 아니하리니
이것을 네가 믿느냐

요한복음 11장 25~26절

66

오직 성령의 열매는
사랑과 희락과 화평과 오래 참음과
자비와 양선과 충성과 온유와 절제니
이 같은 것을 금지할 법이 없느니라

갈라디아서 5장 22~23절

67

이르시되 너희 믿음이 작은 까닭이니라

진실로 너희에게 이르노니

만일 너희에게

믿음이 겨자씨 한 알만큼만 있어도

이 산을 명하여

여기서 저기로 옮겨지라 하면

옮겨질 것이요

또 너희가 못할 것이 없으리라

마태복음 17장 20절

68

네가 만일 네 입으로 예수를 주로 시인하며
또 하나님께서
그를 죽은 자 가운데서 살리신 것을
네 마음에 믿으면 구원을 받으리라
사람이 마음으로 믿어 의에 이르고
입으로 시인하여 구원에 이르느니라

로마서 10장 9~10절

69

믿음이 없이는

하나님을 기쁘시게 하지 못하나니

하나님께 나아가는 자는

반드시 그가 계신 것과

또한 그가 자기를 찾는 자들에게

상 주시는 이심을 믿어야 할지니라

히브리서 11장 6절

70

또 이르시되 너희는 온 천하에 다니며
만민에게 복음을 전파하라
믿고 세례를 받는 사람은 구원을 얻을 것이요
믿지 않는 사람은 정죄를 받으리라

마가복음 16장 15~16절

71

너는 말씀을 전파하라

때를 얻든지 못 얻든지 항상 힘쓰라

범사에

오래 참음과 가르침으로 경책하며

경계하며 권하라

디모데후서 4장 2절

72

너희는 스스로 조심하라
그렇지 않으면
방탕함과 술 취함과 생활의 염려로
마음이 둔하여지고
뜻밖에 그 날이
덫과 같이 너희에게 임하리라

누가복음 21장 34절

73

내가 진실로 너희에게 이르노니
내 말을 듣고 또 나 보내신 이를 믿는 자는
영생을 얻었고 심판에 이르지 아니하나니
사망에서 생명으로 옮겼느니라

요한복음 5장 24절

74

너희가 거듭난 것은
썩어질 씨로 된 것이 아니요
썩지 아니할 씨로 된 것이니
살아있고 항상 있는
하나님의 말씀으로 되었느니라

베드로전서 1장 23절

75

네 손이 선을 베풀 힘이 있거든
마땅히 받을 자에게
베풀기를 아끼지 말며
네게 있거든
이웃에게 이르기를
갔다가 다시 오라
내일 주겠노라 하지 말며

잠언 3장 27~28절

76

술을 즐겨 하는 자들과
고기를 탐하는 자들과도
더불어 사귀지 말라
술 취하고 음식을 탐하는 자는
가난하여질 것이요
잠 자기를 즐겨 하는 자는
해어진 옷을 입을 것임이니라

잠언 23장 20~21절

77

지극히 작은 것에 충성된 자는
큰 것에도 충성되고
지극히 작은 것에 불의한 자는
큰 것에도 불의하느니라

누가복음 16장 10절

78

자기의 죄를 숨기는 자는
형통하지 못하나
죄를 자복하고 버리는 자는
불쌍히 여김을 받으리라

잠언 28장 13절

79

보옵소서

내게 큰 고통을 더하신 것은

내게 평안을 주려 하심이라

주께서 내 영혼을 사랑하사

멸망의 구덩이에서 건지셨고

내 모든 죄를

주의 등 뒤에 던지셨나이다

이사야 38장 17절

80

내가 네 허물을 빽빽한 구름 같이
네 죄를 안개 같이 없이 하였으니
너는 내게로 돌아오라
내가 너를 구속하였음이니라

이사야 44장 22절

81

주 여호와의 말씀이니라
네가 잿물로 스스로 씻으며
네가 많은 비누를 쓸지라도
네 죄악이 내 앞에 그대로 있으리니

예레미야 2장 22절

82

기록된 바 의인은 없나니 하나도 없으며
깨닫는 자도 없고 하나님을 찾는 자도 없고
다 치우쳐 함께 무익하게 되고
선을 행하는 자는 없나니 하나도 없도다

로마서 3장 10~12절

83

그가 우리를 흑암의 권세에서 건져내사

그의 사랑의 아들의 나라로 옮기셨으니

그 아들 안에서 우리가 속량

곧 죄 사함을 얻었도다

골로새서 1장 13~14절

84

만일 너희가 사람을 차별하여 대하면
죄를 짓는 것이니
율법이 너희를 범법자로 정죄하리라
누구든지 온 율법을 지키다가
그 하나를 범하면
모두 범한 자가 되나니

야고보서 2장 9~10절

85

만일 우리가 우리 죄를 자백하면

그는 미쁘시고 의로우사

우리 죄를 사하시며

우리를 모든 불의에서 깨끗하게 하실 것이요

요한일서 1장 9절

86

사람이 의롭게 되는 것은
율법의 행위로 말미암음이 아니요
오직 예수 그리스도를 믿음으로 말미암는 줄 알므로
우리도 그리스도 예수를 믿나니
이는 우리가 율법의 행위로써가 아니고
그리스도를 믿음으로써 의롭다 함을 얻으려 함이라
율법의 행위로써는
의롭다 함을 얻을 육체가 없느니라

갈라디아서 2장 16절

87

그리스도께서 우리를 자유롭게 하려고

자유를 주셨으니

그러므로 굳건하게 서서

다시는 종의 멍에를 메지 말라

갈라디아서 5장 1절

88

청년이여 네 어린 때를 즐거워하며
네 청년의 날들을 마음에 기뻐하여
마음에 원하는 길들과
네 눈이 보는 대로 행하라
그러나 하나님이 이 모든 일로 말미암아
너를 심판하실 줄 알라

전도서 11장 9절

89

하나님께서 각 사람에게 그 행한 대로 보응하시되
참고 선을 행하여
영광과 존귀와 썩지 아니함을 구하는 자에게는
영생으로 하시고
오직 당을 지어 진리를 따르지 아니하고
불의를 따르는 자에게는
진노와 분노로 하시리라

로마서 2장 6~8절

90

하늘에 계신 우리 아버지여

이름이 거룩히 여김을 받으시오며

나라가 임하시오며

뜻이 하늘에서 이루어진 것 같이

땅에서도 이루어지이다

오늘 우리에게 일용할 양식을 주시옵고

우리가 우리에게 죄 지은 자를 사하여 준 것 같이

우리 죄를 사하여 주시옵고

우리를 시험에 들게 하지 마시옵고

다만 악에서 구하시옵소서

나라와 권세와 영광이

아버지께 영원히 있사옵나이다

아멘

주기도문